Christine Féret-Fleury
Geneviève Lecourtier

En Selle!

Des chevaux dans la neige

POCKET
jeunesse

Loi n° 49 956 du 16 juillet 1949 sur les publications destinées
à la jeunesse : décembre 2007.

ISBN : 978-2-266-16748-2

Pour Laetitia et Alexandre

1

— Au Québec, dit-on, il n'y a que deux saisons : l'hiver et le mois de juillet ! a plaisanté mon grand-père en actionnant les essuie-glace pour débarrasser le pare-brise de la neige accumulée pendant notre halte à la station-service.

— Pas de doute, c'est bien l'hiver, a murmuré Alix. Un monde tout blanc...

Elle a soufflé sur la vitre, puis l'a frottée avec sa moufle. Je me suis penché par-dessus l'épaule de ma grand-mère qui, assise à l'avant, consultait la carte.

— Est-ce que nous sommes loin du lac Saint-Pierre ?

— Voyons... Une cinquantaine de kilomètres, à peu près. Pourquoi ?

— J'aimerais bien y aller. Il paraît que c'est un vrai paradis pour les ornithologues.

Pendant les migrations, les outardes et les bernaches du Canada y font halte. Au printemps, on peut y observer plus d'une centaine d'espèces !

— Nous ne sommes pas au printemps, a objecté Papy.

— Et il faudrait passer par l'autre rive du Saint-Laurent, a poursuivi ma grand-mère. Ça représente un gros détour.

Alix, voyant ma mine déçue, a volé à mon secours.

— On a le temps ! L'agence de voyages nous a prévenus que les chambres ne seraient pas libres avant 18 heures !

— Et il y a un musée, ai-je insisté. Je pourrai peut-être y acheter des appeaux qu'on ne trouve pas en France...

Mes grands-parents ont échangé un regard amusé.

— OK, Luc ! Va pour le lac Saint-Pierre, a soupiré Papy.

Le centre d'observation se trouve à Baie-du-Febvre, entre Sorel et Nicolet, me suis-je empressé de préciser.

— Tu as l'air de connaître le Québec comme ta poche ! m'a taquiné Alix.

J'ai brandi un dépliant.

— Eh bien, pendant que Mamy remplissait les papiers de location de la voiture à l'aéroport, j'ai ramassé un peu de documentation... Juste au cas où, vous comprenez ?

— C'est ça, a dit Alix. Juste au cas où... Hypocrite, va !

Le village de Baie-du-Febvre s'étirait le long de la rive sud du lac. Après la visite du musée, qui présentait une belle collection de photos et une exposition sur la migration des oies des neiges, nous avons fait une courte promenade, histoire de nous dégourdir les jambes. Depuis que nous étions montés dans l'avion, le matin même, j'avais l'impression d'avoir passé le plus clair de mon temps assis, et je me sentais ankylosé.

— J'ai mal partout ! Pire qu'après une séance d'obstacles ! me suis-je plaint. Je n'arrive même plus à me tenir droit !

— Petite nature, va ! Quand tu auras mon âge...

Mon grand-père ne semblait pas ressentir la fatigue du voyage et marchait d'un bon pas sur le sentier enneigé.

— Venez voir ! nous a hélés Mamy, qui l'avait précédé. Ces drôles de petites cabanes ! Ne sont-elles pas adorables ? Il y en a de toutes les couleurs...

— Ce sont des cabanes de pêcheurs, a dit Papy.

Il m'a adressé un clin d'œil.

— Moi aussi, je me suis documenté ! Ici, on pratique la « pêche blanche »...

— Qu'est-ce que c'est ? a demandé Alix.

— On fait un trou, on descend la ligne... et on attend !

— Et quand le poisson mord, le pêcheur a eu le temps de se transformer en statue de glace, ai-je raillé. Comme ça, on le garde au frais jusqu'au printemps !

— Ils se réfugient dans les cabanes. Elles sont chauffées par de petits poêles en fonte, très pratiques, un peu semblables à ceux qu'utilisaient les trappeurs.

Alix s'est aventurée sur la surface du lac, une immense plaine blanche, nimbée, à l'horizon, d'un léger brouillard.

— Ça tient, a-t-elle constaté.

Elle a esquissé une pirouette.

— J'ai toujours rêvé de patiner sur un étang gelé, comme dans *Les Quatre Filles du docteur Marsh* ! Quelle chance ils ont, les Québécois !

Mamy a consulté sa montre.

— Il faudrait peut-être reprendre la route. Aucun de nous deux n'aime conduire de nuit, et tu ne verras guère d'oiseaux en cette saison, Luc. Nous reviendrons une autre année pour le passage des oies !

— Pas d'oiseaux ? Tu rigoles !

J'ai désigné la véranda d'une maison aux volets fermés.

— Tu vois, là, sur le bord du toit ? Deux tourterelles tristes et un geai bleu. Et, il y a dix secondes, un pic épeichette s'est envolé de cet arbre, de l'autre côté du chemin.

— J'ai noté aussi plusieurs mésanges à tête noire, a complété Alix.

— Ces deux-là, on a dû leur greffer des jumelles sous la rétine ! s'est esclaffé mon grand-père. Bon, les oiseaux, si vous battiez des ailes jusqu'à la voiture ? Allez, ouste !

Sur la carte, la distance qui nous séparait de Québec semblait insignifiante ; mais nous nous sommes trompés de route plusieurs fois et la nuit était tombée depuis longtemps quand nous avons atteint les faubourgs de la ville.

— L'hôtel se trouve dans une petite rue, juste derrière le château Frontenac, a signalé ma grand-mère. Je suggère de suivre les panneaux « Centre-ville » ou « Vieille ville ».

— Ça grimpe raide, a constaté Papy qui rétrogradait pour la deuxième fois. Descendez, les jeunes, et poussez ! Vous êtes trop lourds !

— *Qui* a mangé deux plateaux-repas à lui tout seul ce matin ? a raillé Alix. Luc, pas moi ! Je reste là ! Je refuse d'être l'innocente victime de sa goinfrerie...

J'allais répliquer vertement quand la voiture a franchi les remparts. La beauté du spectacle qui s'est offert à nos yeux m'a coupé le souffle : une ville de rêve, scintillante de lumières, dans son écrin de neige.

— On dirait une carte de Noël ! a soupiré Alix.

— De Noël tel qu'on l'imagine quand on est enfant, a approuvé Mamy. J'ai l'impression d'avoir huit ans, ce qui ne m'est pas arrivé depuis bien longtemps. C'est merveilleux !

Les vieilles maisons de pierre, coiffées d'un épais bonnet blanc, semblaient nous regarder passer avec bienveillance. Les fenêtres éclairées répandaient une douce lueur, couleur d'ambre. Les places, les jardins, les rues tortueuses, tout étincelait ; par endroits, les tas de neige étaient si hauts qu'ils rejoignaient les toits. Surplombant la ville close se dressait la majestueuse silhouette du château Frontenac (qui, je l'avais lu dans mon guide, n'était pas du tout un château mais un hôtel bâti au XIXe siècle sur le cap Diamant, à proximité de l'endroit choisi deux cents ans plus tôt par Samuel de Champlain pour y construire son fort Saint-Louis).

— Nous sommes arrivés, a dit mon grand-père en manœuvrant pour entrer dans une cour entourée de hauts murs.

Sous un pignon pointu, la façade de l'hôtel, haute et étroite, montrait ses fenêtres illuminées, aux volets rouges. Les chambres, biscornues, pleines de coins et de recoins, étaient confortables et bien chauffées.

— Quel dommage que nous repartions si vite ! s'est exclamée ma grand-mère. J'aurais aimé prendre le temps de visiter la ville... Le musée de la civilisation a l'air très intéressant. Et j'ai vu des affiches pour une exposition d'art inuit.

— Nous sommes venus faire du ski-jörring[1], pas du tourisme ! ai-je protesté. Demain, nous serons dans une cabane au fond des bois... Comme des trappeurs... Ça va être génial !

Papy a souri de mon enthousiasme.

— Tu ferais un drôle de trappeur, Luc. Prêt pour l'aventure – mais à condition de pouvoir prendre une douche chaude tous les soirs !

— C'est l'Hôpital qui se moque de la Charité, a glissé Mamy avec malice. Je crois me rappeler que, dans l'avion, tu m'as réveillée quatre fois, la première pour me demander ton coussin cale-nuque, la deuxième parce que tu avais soif, la troisième des fourmis dans les doigts de pied et la quatrième...

Feignant la confusion, Papy l'a prise dans ses bras.

— Chérie, quelle brute je fais... Pour me

1. Discipline équestre dans laquelle le cheval est mené par de longues rênes, le « cavalier », derrière lui glissant à skis.

faire pardonner, je te porterai sur mon dos jusqu'au château Frontenac... mais seulement après le dîner ! Je meurs de faim, pas vous ?

2

Le lendemain, après un rapide tour de la ville, nous sommes partis en direction de Mont-Sainte-Anne, où nous devions séjourner une semaine pour nous initier à ce sport équestre original : le ski-jörring. Ce voyage, c'était mon cadeau de Noël ; et, comme par hasard, Hélène, la monitrice du club des Garrigues (prévenue sans doute par un lutin cafteur) avait décidé de l'offrir aussi à sa fille... Super surprise ! Alix et moi, on est inséparables depuis presque deux ans. Selon Léa et Jessica, les meilleures amies d'Alix, nous ressemblons à un vieux couple. Je ne vois pas très bien ce qu'elles veulent dire : c'est vrai que nous aimons les mêmes choses (et les faire ensemble) et qu'il nous arrive de penser – et de dire – la même chose en même temps. Mais ça ne fait pas de nous de vieux mariés, non ? Quelle drôle d'idée !

Ce matin-là, les deux chipies auraient été forcées de tenir leur langue, car nous n'étions pas d'accord, pour une fois. Alix, comme Mamy, aurait préféré s'attarder dans la vieille ville. Sur la longue terrasse qui dominait le Saint-Laurent, devant le château Frontenac, une piste de luge était aménagée. Elle a insisté pour faire des glissades avec les enfants qui se bousculaient en haut de la côte gelée, les joues rougies par le froid sous leurs bonnets aux couleurs vives, puis elle est restée un bon moment accoudée au parapet, contemplant d'un air rêveur les gros blocs de glace charriés par le fleuve.

— Pour les Québécois, la France est le « vieux continent », a-t-elle dit sans tourner la tête. C'est drôle... Moi, c'est ici que j'ai l'impression de sentir le poids de l'histoire...

— Le poids de l'histoire ? ai-je répété, pas très sûr de saisir ce qu'elle entendait par là.

— Les vies de ceux qui sont venus là avant nous. Leur travail, leurs espoirs, leurs rêves... Cette cité qu'ils ont bâtie pierre à pierre... En France, on a l'impression que les villes ont toujours été là. C'est faux, bien sûr ; mais on ne peut pas dater vraiment leur fondation. Ici, oui. Ça m'intimide. Tu comprends ?

— Euh... oui. Je crois.

Prudente réponse, qui ne m'engageait pas trop. En fait, j'avais souvent du mal à suivre Alix dans ses envolées philosophiques. Un autre jour, peut-être, j'aurais fait l'effort de me creuser la tête, mais, là, j'étais trop impatient de reprendre la route. La forêt sauvage nous attendait... Les animaux en liberté... les immenses étendues vierges de toute habitation... J'en avais tellement rêvé !

Alix me toisait, mi-vexée, mi-amusée.

— Bon, ça va, j'ai compris. Les garçons, vous êtes bien tous les mêmes ! Aucun sens poétique !

— Tu n'as pas le droit de dire ça ! ai-je protesté. Je suis le garçon le plus poétique de la Terre...

Mais elle ne m'écoutait plus. Sa longue natte battant son dos, elle courait vers mes grands-parents qui nous attendaient un peu plus loin, près du kiosque à musique désert, dont le toit s'ornait d'une frange de glace irrégulière.

Nous sommes arrivés au camp en début d'après-midi. Un concert d'aboiements, mêlé de quelques hennissements, nous a salués comme nous dépassions un mât au sommet duquel flottait fièrement le drapeau du Québec : une croix blanche sur fond d'azur et quatre fleurs de lys. Deux chalets bâtis en rondins jouxtaient une vaste grange et un auvent sous lequel étaient remisés une motoneige et plusieurs traîneaux légers.

— Ils pratiquent aussi le traîneau à chiens, a signalé mon grand-père.

— Quelle bonne idée ! Les huskys doivent courir moins vite qu'un cheval, a dit Mamy. Pour commencer, je devrais peut-être...

— Mamy ! Tu m'avais promis !

— Bon, d'accord. Mais si je me casse les os, tu pousseras mon fauteuil roulant, Luc ! Ça te fera les muscles !

— Pas de problème...

Une jeune femme, vêtue d'un jean et d'une simple chemise de flanelle à carreaux, les manches roulées aux coudes, est sortie du plus grand des chalets et s'est avancée vers nous. Ses longs cheveux blonds étaient noués en queue de cheval.

— Elle n'a pas froid ? s'est étonnée Alix. Par cette température ?

— Moins 18 °C, a constaté mon grand-père en jetant un coup d'œil à son tableau de bord. C'est le grand beau temps !

— Bonjour, heureuse de vous recevoir au camp du Carcajou ! s'est écriée notre hôtesse. Vous vous êtes pas écartés pantoute ?

— Eh bien... Non, vous nous aviez très bien indiqué la route, a répondu Papy, comprenant *in extremis* qu'on lui demandait s'il ne s'était pas égaré en chemin.

— Tu peux me tutoyer, a-t-elle enchaîné avec entrain. Nous autres, on est pas vous-soyant. Je m'appelle Joanie. Range ton char derrière la grange, si tu veux, mais tu feras mieux de mettre le break à bras[1], c'est en pente. Joli minivan... vous avez eu de la chance ! Des fois, au bureau de location, ils vous refilent une minoune[2]... Mon chum[3] est parti magasiner, mais il revient au plus

1. Frein à main.
2. Vieux tacot.
3. Petit ami, compagnon.

sacrant[1], vous pourrez faire un premier essai sur la petite piste avant le souper. On a d'autres chambreurs[2] qui arrivent à la brunante. C'est-tu correct comme ça ?

— Tout... tout à fait, a bégayé Mamy, déconcertée. Merci. Merci beaucoup.

— Bienvenue ! Vos chambres sont au premier étage...

J'ai jeté un coup d'œil inquiet au chalet ; la bâtisse était de plain-pied. Où allions-nous loger ? J'ai vite compris que le « premier étage » désignait en fait le rez-de-chaussée. La plus spacieuse des deux chambres était réservée à mes grands-parents. Alix et moi devions dormir dans deux petites pièces lambrissées, identiques, ouvrant sur la pièce à vivre où d'énormes bûches flambaient dans une haute cheminée de pierre.

— Tu restes pas dans la même chambre que ta sœur ? m'a demandé Joanie. Tu serais-tu un rien baveux[3] avec elle ?

Baveux ? Là, elle exagérait. J'ai répondu, très vite :

— Alix n'est pas ma sœur.

1. Le plus vite possible.
2. Locataires.
3. Taquin.

— Oh ! C'est ta blonde, alors ? C'est *right* comme ça, alors.

Elle s'est tournée vers Mamy.

— Si vous avez frette, on peut vous rajouter un calorifère. Et d'autres supports pour la garde-robe. Ayez pas peur de prendre de l'eau chaude, il y en a en masse... Je vous ai mis de bonnes grosses douillettes, si vous voulez d'autres couvartes, ou des débarbouillettes [1], dites-le moi. C'est-tu correct ?

— Oui, merci, avons-nous répondu en chœur.

— Bienvenue !

En attendant Patrick, le « chum » de Joanie, nous avons visité les lieux. Les chiens étaient éparpillés sous les arbres, chacun disposant d'un enclos et d'une niche ; la plupart, couchés dans la neige, se sont contentés de remuer la queue à notre approche. D'autres se dressaient pour réclamer une caresse. Leurs étranges yeux en amande,

1. Si vous avez froid, on peut vous rajouter un chauffage d'appoint. Et d'autres cintres pour la penderie. (...) Je vous ai mis des couettes, si vous voulez d'autres couvertures ou de petites serviettes de toilette.

couleur de topaze, parfois d'un bleu de glace, suivaient chacun de nos mouvements.

— Ils ressemblent à des loups, ai-je remarqué.

— Ces sont des animaux d'une endurance exceptionnelle, a dit mon grand-père en flattant un chiot au poil crème. Ils peuvent parcourir de très longues distances d'une seule traite et, paraît-il, se contenter d'un seul poisson salé par jour !

La grange abritait les réserves de fourrage. Sur l'un des côtés, une rangée de boxes avait été aménagée. Cinq chevaux, dans la pénombre tiède, mâchonnaient leur foin.

— Petits mais costauds, a commenté Alix. Et regarde ce poil d'hiver ! Je peux y enfoncer mes mains jusqu'aux poignets... Ils sont bien protégés du froid !

— Ce sera ton joual[1], si tu veux, fillette. Vous m'avez l'air de bien vous entendre, vous deux !

Un homme coiffé d'une toque doublée de fourrure a jeté des harnais en vrac sur un sac d'orge. Il avait des yeux rieurs, entourés

1. Cheval.

d'un lacis de fines rides qui ressortaient sur sa peau hâlée.

— Henri, Josette, Alix et Luc, a énuméré mon grand-père, expédiant les présentations avec désinvolture. Un groupe très motivé !

— Moi, c'est Patrick. On va-tu prendre une petite marche ? Pour le fun ?

Je commençais à me demander si je n'allais pas avoir besoin d'un dictionnaire ! Heureusement, la plupart des termes d'équitation ne différaient pas de ceux que nous employions au club des Garrigues. Après avoir pansé deux chevaux – Tit'Bé, le petit bai brun dévolu à Alix et un gris pommelé à l'encolure musclée nommé Baladin – nous les avons harnachés sur les indications de Patrick. L'équipement de ski-jörring ressemblait à un harnais d'attelage : un collier de chasse en cuir doublé de mouton passait devant le poitrail du cheval et s'attachait à une sorte de sellette munie d'une sangle matelassée et de passes métalliques où venaient se fixer les brancards.

— Ça, c'est pour se tenir, a indiqué Patrick en désignant une sorte de cadre en aluminium très léger, sur lequel passaient les longues rênes.

— Deux mains pour se tenir, deux mains pour diriger le cheval... a compté Alix. À moins de me métamorphoser en déesse indienne, je ne vois pas comment faire !

— Les rênes dans une main, l'autre sur le cadre... et ça va comme sur des roulettes ! Pour aujourd'hui, vous skierez à tour de rôle. Les autres monteront à cheval pour diriger. Vous êtes tous cavaliers ?

— Non, a dit Mamy. Pas moi. J'adore les chevaux, mais de loin... En revanche, comme nous habitions à la montagne, dès que j'ai su marcher on m'a mise sur deux petites planches qui glissaient toutes seules !

— Si ça peut vous accommoder, je guiderai le cheval ! Bon, je vais vous chercher des skis et des chaussures à votre taille... Et n'oublions pas le capot de brancards, a-t-il ajouté en ajustant une bâche sur les cadres.

— Ça sert à quoi ? ai-je demandé.

Patrick s'est esclaffé.

— Regarde !

Il a soulevé un pied de Tit'Bé.

— C'est une ferrure spéciale ; ce boudin, là, entre la sole[1] et le fer, empêche la neige

1. Sole : voûte concave située sous le pied du cheval.

de s'accumuler sous le sabot. Quand il y en a trop, la chambre à air se détend et la neige est éjectée... vers l'arrière. Sans la bâche, c'est comme si quelqu'un te bombardait de boules de neige compactées ! J'ai essayé une fois : j'avais les cuisses et le torse de la couleur des bleuets du lac Saint-Jean ! Bon, tout le monde est prêt ? Alors on mouve ! Faut rentrer avant la noirceur...

3

Nous avons sorti les chevaux qui, heureux d'être libérés, piaffaient sur le chemin d'un blanc immaculé. Leurs fers munis de crampons leur permettaient une bonne accroche dans la neige.

— Une petite démonstration ? a proposé Patrick.

Il a chaussé ses skis, puis empoigné les rênes et le cadre de Baladin pour faire le tour des bâtiments. Sa position rappelait celle que l'on doit adopter – sous peine de piquer du nez dans les vagues, j'en sais quelque chose ! – quand on pratique le ski nautique : le buste droit, les genoux légèrement fléchis.

— C'est kèzman[1] au pas que le cheval peine le plus, a-t-il commenté en repassant devant nous ; tchékez[2], avec de la vitesse ça slaïye[3] bien mieux !

D'un appel de langue appuyé, il a lancé son cheval au galop dans un tourbillon de neige, slalomant avec aisance autour de piquets imaginaires.

— Je me demande si je ne vais pas m'orienter vers la randonnée en skidoo, a gémi Alix. J'aurai peut-être une chance de faire plus de dix mètres sans me retrouver à plat ventre dans la neige !

— Tu ne vas pas flancher maintenant ! ai-je protesté. Pas après avoir traversé l'Atlantique et commencé à t'adapter au froid polaire !

— Je ne suis pas née sur des skis, moi !

— Mais sur un cheval, si, ou presque ! Si tu veux, tu montes Tit'Bé et moi je skie derrière... Ce guide a l'air cool, on va débuter tranquille.

Je l'ai poussée du coude.

— Et je te rappelle que Papy et Mamy sont partants, *eux* !

1. Quasiment.
2. Regardez.
3. Glisse.

— OK, a-t-elle soupiré. Marché conclu. Et si tu ne finis pas comme un poisson au bout d'une ligne, j'essaierai de skier, promis... pour le fun !

Ma grand-mère a pris la place de Patrick qui, d'un bond souple, a sauté sur Baladin.

— Tu veux-tu bien aider la jeune fille à enfourcher son joual ? a-t-il demandé à Papy. Au début elle sera certainement encombrée par la longueur des rênes ! Et si tu veux aller te mettre au chaud dans la cuisine de Joanie et boire un café, on sera de retour dans une demi-heure, pour faire l'échange !

Nous sommes partis sur une piste qui sinuait à travers la forêt. Libérés des problèmes de direction et de vitesse gérés par les cavaliers, Mamy et moi n'avions qu'à nous laisser glisser dans la neige poudreuse. J'ai ressenti un à-coup au démarrage, mais moins important que sur un tire-fesses, l'élasticité des brancards amortissant les secousses.

— Prêts pour le trot ? a demandé Patrick.

Ma grand-mère a hoché la tête et le guide a talonné sa monture. Tit'Bé a suivi Baladin et l'attelage a pris de la vitesse. J'appréhendais chaque virage : il me fallait sans cesse combattre la force centrifuge pour ne pas me retrouver dans le décor. Pendant ce temps, Mamy se permettait quelques fantaisies, se déportant sur les côtés pour contourner de minuscules bosquets. Alix se contorsionnait et riait de me voir grimacer sous l'effort.

Après une légère montée, nous avons aperçu les bâtiments du camp. Les chevaux ont ralenti d'eux-mêmes et se sont arrêtés devant le chalet.

— Déjà ! s'est exclamée ma grand-mère.

— C'tu l'fonne ? Ça t'a plu, Jo ? s'est enquis Patrick. Tu t'en tires comme une championne !

— C'est sensationnel, a répondu Mamy et, dans cette forêt, les arbres couverts de givre sont d'une beauté...

— ...que j'ai hâte d'admirer, a enchaîné Papy en chaussant ses skis. Si Madame veut bien me céder sa place !

— Et Monsieur itou ! m'a lancé Alix. Ta grand-mère m'a donné envie d'essayer !

Je suis donc monté sur Tit'Bé, sans pouvoir retenir une grimace car les lanières du harnachement me meurtrissaient les cuisses. Au début, Alix, prudente, a adopté la position du chasse-neige, ce qui ralentissait considérablement notre cheval. Baladin et son équipage nous ont vite distancés.

— Attendez-nous ! ai-je crié.

Patrick a tiré sur ses rênes.

— Tes skis sont bien trop écartillés, a-t-il dit à Alix quand nous sommes arrivés à sa hauteur. Mets-les parallèles, t'es pas plus poche [1] qu'une autre, tu vas y arriver, et rassure-toi, on ira slô !

Nous avons effectué le même circuit en sens inverse : j'avais l'impression de découvrir un nouveau paysage. Sur le mont Sainte-Anne, les nombreuses pistes de ski alpin se détachaient en lignes blanches sur le fond sombre des arbres dénudés.

Alix, peu à peu, prenait de l'assurance. L'expression de son visage s'est détendue, elle a progressivement redressé son buste, déplié ses genoux et même sollicité un départ au trot. Avec autant d'aisance que son épouse, Papy glissait comme un virtuose dans la poudreuse.

Nous n'étions pas encore en vue du camp quand des éclats de voix nous ont avertis de l'arrivée des autres vacanciers.

1. Malhabile.

— Encore un qu'est pas mal roffe[1] avec son mioche, on dirait, a soupiré notre guide. Le stress des villes... Les vacances lui feront du bien !

Près d'une voiture aux portières ouvertes, un petit groupe s'agitait.

— Vincent, cesse de brutaliser ton frère, ordonnait un homme trapu, engoncé dans un large manteau de fourrure synthétique fauve. Tu sais très bien que tu ne contrôles pas ta force ; tu lui fais mal avec ces boules de neige !

— Il a failli me crever un œil ! sanglotait la « victime », un garçon d'environ six ans.

— C'est toujours pareil, dès que je bouge le petit doigt, vous me tombez dessus..., a maugréé l'aîné. J'en ai marre !

— Bonjour l'ambiance ! m'a soufflé Alix. La famille parfaite...

Nous avons ramené Baladin et Tit'Bé dans la grange. L'adolescent – il devait avoir notre âge, ou à peu près – nous a suivis, les mains dans les poches, traînant les pieds. Sur le seuil, il a hésité, comme s'il attendait que quelqu'un l'autorise à entrer.

1. Dur.

— Tu peux m'aider ? lui a lancé Alix, qui s'empêtrait dans les longues rênes.

Il s'est précipité pour prendre le surfaix et l'a déposé avec précaution sur un porte-selle, puis, s'enhardissant, m'a proposé son aide. Quand toutes les pièces du harnachement ont été enlevées et rangées, il a caressé longuement les chevaux, l'un après l'autre. Je l'observais à la dérobée : grand et mince, il avait d'étonnants yeux clairs dans un visage étroit, au teint mat, et une masse de cheveux noir corbeau.

« Le petit frère ne lui ressemble pas, me suis-je dit. Il est tout blond et plutôt grassouillet... »

— Plus tard, je serai vétérinaire, nous a-t-il déclaré abruptement. Je soignerai les animaux, je les soulagerai... Eux ne peuvent pas dire où ils ont mal.

Drôle de type. Le moins qu'on pouvait en penser, c'est qu'il ne s'encombrait pas de banalités, pour une première rencontre ! J'avais l'impression que sa phrase contenait un message, un appel... mais nous était-il destiné ? Nous ne connaissions même pas son nom !

Le souper (j'avais appris qu'au Québec le dîner correspondait au repas de midi) a réuni tous les hôtes du camp dans la pièce principale, autour d'une longue table de chêne. Joanie a fait les présentations : Maurice et Anne, les parents des deux garçons, venaient du centre de la France et, comme nous, séjournaient pour la première fois au Québec. Passionnés de sports d'hiver, ils ne pratiquaient pas l'équitation mais avaient déjà suivi une initiation au ski-jörring dans le Jura, l'année précédente. Le petit Arthur, très bavard, nous a raconté ses débuts au club de karaté de Bourges où il était inscrit depuis la rentrée de septembre. À chaque anecdote, il quêtait l'approbation de son aîné, qui acquiesçait distraitement.

— Vincent a la ceinture marron ! Il est très fort, a clamé le bambin. Mais un jour, je ferai aussi bien que lui !

— Très fort, n'exagérons rien, a coupé son père. À son âge, je suis sûr que tu auras un meilleur niveau.

Vincent a détourné la tête avec une moue de mépris.

— Goûtez-moi cette cipaille ! s'est exclamée Joanie pour détendre l'atmosphère. Vous m'en direz des nouvelles...

Patrick commençait à découper une énorme tourte dorée à point.

— Spécialité québécoise, a-t-il ajouté en riant. Impossible d'y échapper, mais rares sont ceux qui ne l'apprécient pas ! On l'appelle aussi « tourtière du lac Saint-Jean ». On serâ pâs à pied après çâ [1] !

— Pourtant, c'est un plat léger, a ironisé Joanie. J'y ai mis des patates, du porc, du bœuf et du poulet, mais d'autres y ajoutent du gibier : chevreuil, canard sauvage...

— J'avoue que je ne suis pas grand chasseur, a reconnu Patrick.

La cipaille de Joanie était délicieuse. Lui ont succédé un plat d'épis de maïs grillés que nous avons dégustés avec du beurre fondu et du sel, une salade et un « pudding chômeur » aux raisins, arrosé de sirop d'érable.

— Je n'en peux plus ! ai-je soupiré en repoussant mon assiette.

— Après trois tranches de gâteau, tu m'étonnes, a souligné Alix. Je crois que Tit'Bé va faire grève demain matin ! Et je soutiendrai son action !

1. On ne devrait vraiment plus avoir faim après l'avoir mangé.

4

Après le repas, les adultes se sont installés pour bavarder autour de la cheminée pendant que nous déambulions dans la pièce à vivre. Arthur suivait son frère comme son ombre et imitait chacun de ses gestes. Entre les fenêtres aux rideaux tirés, plusieurs vitrines abritaient des sculptures en pierre sombre ou en bois. Alix est tombée en arrêt devant une statuette représentant une femme occupée à faire sécher des lanières de viande au-dessus d'un foyer de galets.

— Elle est magnifique...

— C'est de l'art inuit, a précisé Joanie en nous rejoignant. Patrick organise tous les ans un tour en traîneau à chiens dans le Nunavik, la région nord du Québec, et il en revient chaque fois avec de nouveaux trésors !

— La plupart représentent des scènes de la vie quotidienne, ai-je remarqué.

— Comme ce pêcheur : il expose sa prise avec tant de joie que j'imagine sa famille entière l'attendant chaque soir, le ventre creux, mais l'espoir toujours présent ! Regarde cette femme avec son bébé ! Et l'homme qui répare ses bottes...

— Je peux toucher ? a demandé Alix.

— Bien sûr, a répondu Joanie. C'est la meilleure façon de « regarder » une sculpture ! Les gardiens de musée sont pas mal rochants[1]. Dès que tu poses un doigt sur une statue, ils sont là à t'achaler[2]. Rien que des péteux de broue[3] !

Elle a consulté sa montre.

— Zut ! C'est l'heure du manger des picouilles[4]. Je vais vous laisser.

— Tu as assez travaillé, a protesté Alix. On peut y aller, Luc et moi... on a l'habitude, tu sais ! Ma mère dirige un centre équestre en Provence, dans le Sud de la France, et je l'aide souvent.

1. Embêtants.
2. T'importuner.
3. Prétentieux.
4. Canassons.

— Vous feriez ça ? C'est gentil ! J'aime bien les chevaux mais je ne suis pas une cavalière... Bon, vous trouverez l'avoine et l'orge dans la patente à gosse rouge, près de l'entrée de la grange...

— La quoi ? ai-je risqué.

Joanie a éclaté de rire.

— C'est vrai, vous dites... comment, déjà, sur le vieux continent ? Ah oui : machin, truc, bidule. Un conteneur rouge... Le foin est rangé au fond, mais ça, c'est pour demain matin.

— Je viens avec vous, a déclaré Vincent qui jusque-là n'était pas intervenu dans la conversation.

— Moi aussi ! Moi aussi ! a crié Arthur.

— Non, a répondu l'aîné avec sécheresse. Tu ne ferais que nous gêner.

— Mais je veux y aller ! a pleurniché le petit.

Les coins de sa bouche tremblaient et de grosses larmes brillaient dans ses yeux.

— Papa ! maman ! Dites à Vincent que je peux aller nourrir les chevaux, moi aussi !

— Par ce froid ? s'est écriée sa mère. Il n'en est pas question !

— Sois un peu raisonnable, Vincent, s'est emporté Maurice. Tu sais très bien qu'Arthur a les oreilles fragiles... Je n'ai aucune envie qu'il nous fasse une otite ici, au fond des bois !

— Mais je n'ai pas...

— Tout ce que je te demande, c'est d'acquérir un sens minimal de tes responsabilités...

Patrick, fort à propos, s'est interposé.

— Dis donc, Arthur, est-ce que tu as déjà vu un carcajou ?

— Non, c'est quoi ? a questionné le gamin.

— On l'appelle aussi « glouton ». Il ressemble à un petit ours et certains voyageurs l'ont décrit comme l'animal le plus féroce de la création ! De nos jours, il ne s'en trouve plus dans la région de Québec mais moi, je peux t'en montrer un ! C'est à lui que le camp du Carcajou doit son nom.

— Où ça ? Où ça ?

— Dans mon bureau ! Il est empaillé. C'est mon arrière-grand-père qui l'a abattu alors qu'il dévastait son poulailler ! Si vous voulez bien m'accompagner, jeune homme...

Il a pris la main du bambin qui trépignait d'enthousiasme et nous a gratifiés d'un clin d'œil complice. Nous en avons profité pour nous éclipser. Dans l'entrée du chalet se trouvait un grand vestiaire où nous avions déposé parkas, bonnets, gros pulls, moufles et bottes. Tout en enfilant ma veste polaire, j'ai jeté un regard furtif à Vincent ; son visage figé ne laissait rien paraître de ses sentiments. Alix a souri. Je savais ce qu'elle pensait : « OK, je sais, on aurait bien aimé être seuls un petit moment... Mais ce garçon a l'air plutôt mal dans ses baskets, alors si on peut l'aider... » Alix, toujours prête à secourir la terre entière, à s'impliquer dans les problèmes des autres – parfois, je trouvais qu'elle en faisait trop [1]. Mais elle pouvait se montrer aussi têtue qu'une mule sourde. Résigné, j'ai répondu à son sourire.

— Parés pour l'expédition polaire ? ai-je lancé avec un entrain à peine forcé.

— Parés !

Le froid nous a saisis dès que nous avons ouvert la porte. Un froid mordant, qui transperçait nos nombreuses couches de vêtements et donnait, à chaque respiration, une sensation de brûlure. Le temps d'arriver à la grange, j'avais les lèvres presque insensibles. Par comparaison, l'atmosphère

1. Voir En Selle ! t. 10, *Le silence de Jasmine.*

près des boxes semblait délicieusement tiède. Les chevaux ont tourné la tête vers nous et des hennissements sonores se sont élevés dans la pénombre.

— Ils savent que nous venons leur donner à manger ? s'est étonné Vincent.

— Les chevaux ont une pendule dans le ventre, a affirmé Alix avec le plus grand sérieux. Si tu es en retard d'un quart d'heure pour la distribution, ils te le font bien comprendre !

— À te voir tout à l'heure, j'avais pensé que tu étais un cavalier confirmé, ai-je observé, un peu intrigué.

— C'est mon rêve, a-t-il avoué. Mais je ne suis monté qu'une seule fois, pendant les dernières vacances d'été. Une promenade au pas où les chevaux se suivaient à la queue leu leu... Pas terrible, mais c'était mieux que rien.

Alix avait pris un seau et mesurait les rations à l'aide des indications inscrites sur la liste que Joanie nous avait remise.

— Baladin : deux litres d'orge concassée, un litre d'avoine... Tit'Bé, un litre, un litre. Chicouté... quel drôle de nom ! Deux litres, un litre. C'est lequel ?

— L'alezan, près de la porte, a répondu Vincent. Donne, je vais lui porter. Je le trouve si beau ! C'est mon préféré, je crois.

— Tu connais bien les noms des robes, ai-je constaté.

— J'ai appris tout seul, dans un livre. Mon père me rabâche sans cesse que je suis incapable de faire la moindre chose sérieusement ; c'est pour ça qu'il refuse de m'inscrire au club hippique. Enfin, c'est ce qu'il dit. Je voulais lui prouver que je pouvais...

Cherchant ses mots, il s'est interrompu.

— Te montrer persévérant ? a suggéré Alix.

— Oui, c'est ça. Mais il n'a rien remarqué. Il s'en fiche. Vous avez vu, tout à l'heure ? C'est toujours pareil. Il n'y en a que pour Arthur. Si moi j'attrapais une pneumonie, ça lui serait bien égal... à ma mère aussi, d'ailleurs.

— Tu ne peux pas dire ça, a murmuré Alix. Arthur est très jeune et souvent les parents protègent un peu trop leur petit dernier... mais je suis sûre qu'ils...

— Qu'ils m'aiment ? a-t-il lancé avec violence. Tu regardes trop de téléfilms américains ! Laisse tomber : mes parents me détestent !

Il a ajouté, d'une voix si basse que j'ai cru avoir mal entendu :

— Ils n'ont plus besoin de moi, maintenant.

5

Une balade de deux heures était prévue pour le lendemain matin. Comme nous étions neuf (pour cinq chevaux), Patrick, après le petit déjeuner, a formé des équipes.

— Aujourd'hui, on va skier à deux de front ! Vous verrez, c'est facile... et agréable ! Sensations garanties ! Henri, c'est toi le plus à l'aise, tu feras le vieux garçon, tout seul avec Citrouille...

Il a désigné une robuste ponette à la robe pie.

— Josette marchera avec Vincent et Chicouté...

Le visage de l'adolescent s'est illuminé.

— On ne va pas séparer les amoureux : Alix et Luc resteront avec Tit'Bé, qui est prié de se boucher les oreilles !

La plaisanterie a fait rire tout le monde,

même Alix. Pourquoi fallait-il que je me sente gêné ?

— Dans deux minutes, ils vont commander le repas de noces, ai-je marmonné entre haut et bas.

Alix a tressailli.

— Pour ça, il faudrait que je te demande en mariage, Luc ! Et je n'en ai pas l'intention... Alors ne panique pas !

La réplique était cinglante. J'aurais voulu répondre, me justifier, mais Patrick enchaînait déjà :

— Anne et Maurice prendront Baladin, et je garderai Arthur avec moi.

Son cheval, Kuuktaq, portait le nom d'une rivière en pays inuit. Sa robe gris fer s'éclairait de quatre balzanes[1] blanches et son encolure puissante était surmontée d'une tête fière, aux grands yeux brillants et mobiles. Plein de feu, il dansait sur place.

— Est-ce bien prudent ? a objecté le père d'Arthur. Je préférerais m'occuper moi-même de mon fils.

— *Son* précieux fils ! Écoutez-le ! C'est sûr qu'il ne va pas le lâcher ! a sifflé Vincent.

Ses mains s'étaient crispées sur le bridon

1. Balzane : marque blanche sur les membres.

de Chicouté. Alix lui a lancé un regard inquiet.

— Arthur sera en sécurité avec moi, a répondu le guide sans se fâcher. On va pas se batâiller pour ça !

Nous avons pris nos places.

— Prends les rênes pour commencer, a dit Alix sans me regarder. Je préfère me tenir au cadre jusqu'à ce que j'aie trouvé mon équilibre.

— On va skier dans la poudreuse, nous a avertis Patrick. Il en est tombé une shotte[1] cette nuit ! Mettez-vous bien chacun d'un côté pour éviter les projections.

Notre petite colonne s'est ébranlée dans un doux crissement de neige. Alix, un peu crispée, se cramponnait à la barre d'aluminium et tanguait à chaque changement de cadence. Parfois, l'un des skieurs heurtait une souche cachée sous la neige et ne pouvait retenir un juron. Patrick chantait à pleine voix la chanson de Félix Leclerc, *Le petit bonheur* qu'Arthur tentait, sans grand succès, d'accompagner en sifflant. Anne et Maurice skiaient bien, mais j'ai remarqué

1. Une grande quantité.

que Maurice, qui tenait les rênes, avait la main trop lourde : Baladin, pourtant d'un naturel conciliant, a vite commencé à se défendre et à encenser. Puis, décidé sans doute à donner une bonne leçon à son meneur, il a fait un brusque écart, projetant l'équipe dans une congère.

À la première halte, Alix, les joues rouges comme des baies, m'a dédié un sourire éclatant. J'ai respiré : l'orage était passé.

— Chicouté est vraiment rapide ! a clamé Vincent, euphorique. Dans la montée, j'ai cru que j'allais m'envoler !

Il a flatté l'épaule de l'alezan.

— Je ne sens plus la peau de mon visage, a dit Mamy. Avec ce vent glacé...

Elle avait monté le bord de son passe-montagne noir presque jusqu'à ses yeux. Patrick s'est retourné pour la dévisager... et a éclaté de rire.

— Jo, sauf ton respect, tu fais très terroriste !

— C'est la fiancée d'Oussama ! a pouffé Alix. Tiens Tit'Bé, Luc, il faut que je fasse une photo ! Ça, c'est un scoop !

Elle a sorti son appareil photo numérique et a mitraillé Mamy qui, jouant le jeu, prenait des poses.

— Moi, j'ai failli vous quitter dans le dernier virage, a avoué mon grand-père. Je me suis laissé déporter vers l'extérieur et j'ai tellement forcé pour revenir sur le chemin que j'en ai des crampes aux cuisses... je ne suis pas fâché de me reposer un peu !

Nous avons partagé un rapide casse-croûte tiré du sac de notre guide et bu avec plaisir le café contenu dans la bouteille Thermos. Les chevaux grattaient la neige pour tenter d'atteindre les rares brins d'herbe enfouis sous la poudreuse.

Tout à coup, j'ai cru percevoir une faible plainte dans les fourrés.

— Qu'est-ce que c'est ? a demandé Arthur, la bouche pleine.

— Aucune idée, a répondu Patrick. Il y a pas mal d'animaux sauvages dans cette région.

— On dirait les gémissements d'un chien, a remarqué Alix.

— Possible aussi. Parfois des chiots s'échappent et se lancent à la poursuite de leur mère, qui fait partie de l'attelage d'un traîneau. S'ils ne la retrouvent pas, ils se perdent dans la forêt.

— Je peux aller voir ? ai-je demandé.

— OK... mais sois prudent, on ne sait

jamais avec les animaux. Et ne brette pas ! On a fait une bonne strètche[1], mais on est pas rendus pour autant !

— Je viens avec toi, a dit Alix.

— Moi aussi !

Vincent avait confié les rênes de son cheval à Mamy et s'apprêtait à nous emboîter le pas.

— Je veux aller avec Vincent ! a réclamé Arthur.

— Tu restes là ! a dit sa mère avec fermeté. Tu es fatigué, tu as besoin de récupérer. Et tu as compris ce qu'a dit Patrick ? C'est peut-être dangereux.

Nous avons entendu l'écho de protestations véhémentes, vite apaisées. Vincent ne s'est pas retourné ; il semblait décidé à ignorer son frère. « C'est trop bête, ai-je pensé. Le petit a l'air de l'adorer, et il n'est pas responsable des erreurs de ses parents... »

Notre progression était lente dans la neige profonde où nous enfoncions à chaque pas. Soudain, Alix, qui marchait en tête, nous a fait signe. Les plaintes, qui s'étaient

1. Ne lambine pas ! On a couvert une bonne distance.

tues, ont repris, plus faibles mais plus proches. Devant nous, une branche basse a bougé.

— Là, a chuchoté Vincent, sous le sapin ! On dirait un louveteau, avec son nez pointu !

Des traces de sang menaient jusqu'à un arbre sous lequel une masse de couleur argentée était allongée dans la neige. L'animal, effrayé, a tenté de s'enfuir mais l'une de ses pattes traînait, raide et inerte.

— Restons ici, ai-je conseillé. Si nous lui faisons peur, il va aggraver sa blessure.

— Il est sur la défensive, a remarqué Alix.

— Et ce n'est ni un chien ni un loup, a noté Vincent, les sourcils froncés. Plutôt un renard, un jeune renard... j'ai lu sur mon guide qu'on trouvait encore des renards argentés dans cette région.

Alix s'est accroupie dans la neige.

— Le pauvre ! Il est magnifique, mais dans un triste état... Je me demande ce que nous pouvons faire pour l'aider !

— Pour l'instant, pas grand-chose, ai-je estimé. Nous ne sommes pas équipés pour le capturer et le ramener au camp, et...

À cet instant, nous avons entendu des craquements dans les broussailles, et Arthur a surgi entre le renard et nous.

— Oh, comme il est mignon ! s'est-il exclamé en se dirigeant vers l'animal blessé.

— N'approche pas ! a crié Vincent.

6

Mais il était déjà trop tard. Le renard est sorti de son refuge, menaçant le jeune garçon qui tendait la main vers lui. Nous avons entendu le claquement de sa mâchoire. Arthur a hurlé et s'est précipité dans les bras de son frère.

— Tu as mal ? Montre ta main... Montre, je te dis !

Vincent avait pâli et semblait bien près de céder à la panique. Arthur continuait à geindre en se tenant la main. Ses cris ont attiré les adultes, Maurice en tête.

— Espèce d'inconscient ! Qu'est-ce que tu as encore fait à ton frère ?

Le bruit d'une gifle. Vincent a reculé. Dans son regard, j'ai vu quelque chose qui ressemblait à de la haine. Puis il s'est détourné et est parti en courant à travers bois.

— Il n'y est pour rien ! a crié Alix, les yeux brillants de colère. Vous n'étiez pas là, vous n'avez rien vu ! Si vous êtes incapable de surveiller votre gamin, ce n'est pas sa faute ! Ni la nôtre !

Je l'avais rarement entendue s'exprimer avec une telle violence. Avant que Maurice ait pu répliquer, elle s'était élancée sur les traces de Vincent.

— Çâ pas d'allure de se chicaner de la sorte[1], a remarqué Patrick. Donne ta main, mon bonhomme.

Son intervention, comme par magie, a calmé Arthur qui a bien voulu se laisser examiner. La peau était intacte, sans même une égratignure.

— Plus de peur que de mal, ai-je constaté.

— Tu en parles à ton aise ! a rétorqué Anne qui serrait contre elle le petit garçon apeuré. Et la rage ? As-tu pensé que ce renard pouvait être enragé ?

— Il n'en a pas l'air, a déclaré mon grand-père qui avait jeté un rapide coup

1. Ça n'a aucun sens de se disputer ainsi.

d'œil à l'animal, avant qu'il regagne l'abri des fourrés. J'ai déjà vu des animaux atteints, ils ont un comportement anormal. Par exemple, ils ne cherchent pas à s'enfuir quand un être humain tente de les approcher. En revanche, il peut être porteur du virus.

— Il s'est senti menacé, ai-je expliqué, et il a voulu éloigner Arthur. Mais il ne l'a pas mordu.

— La rage peut se transmettre par la salive, s'est entêté Maurice.

Je comprenais son inquiétude, mais je trouvais qu'il en faisait trop.

— Arthur n'a pas une égratignure !

— Luc a raison, a opiné le guide.

— Je veux tout de même le faire examiner par un médecin. C'est mon droit ! a déclaré Maurice.

Nous avons rejoint les autres. Vincent était assis sur une souche, à côté de Chicouté qui broutait. Ses yeux rougis prouvaient qu'il avait pleuré. D'une mimique, Alix m'a fait comprendre qu'elle avait tenté de l'apaiser, sans y réussir.

En un tournemain, Patrick a dételé son cheval, ne lui laissant que son filet dont il a noué les rênes. Puis il a roulé le harnachement dans le capot de brancards et l'a déposé, avec ses skis et ceux d'Arthur, sur une plate-forme naturelle formée par les branches basses d'un érable.

— Que faites-vous ? s'est étonnée Anne.

— Je vais monter Kuuktaq et prendre Arthur devant moi. Ce sera plus rapide et moins fatigant pour lui. Je reviendrai ce soir chercher le matériel avec le skidoo.

— Arthur n'est jamais monté à cheval, a objecté Maurice.

— Je le tiendrai. Dites donc... Vous n'avez confiance en personne, vous ! Je me trompe ? Vous pensez quoi, au juste ? Que je vais me débarrasser de votre mioche en le jetant dans le premier buisson ?

Gêné, Maurice a baissé les yeux.

— Ce n'est pas ce que je voulais dire...

— Ah oui ? Ça y ressemblait...

À l'arrivée au camp, une nouvelle dispute a éclaté, cette fois entre Maurice et Anne. Tous deux voulaient accompagner Arthur chez le médecin, mais il n'y avait pas assez de place dans la cabine du 4×4 de Patrick. Le petit pleurnichait toujours ; Anne a alors affirmé qu'il ne se calmerait que dans les bras de sa mère et, d'autorité, a accaparé la seule place disponible.

— Ce n'est pas à cause de moi qu'ils se disputeraient, a murmuré Vincent.

Après un repas rapide et silencieux, comme nous tournions en rond en attendant le retour de Patrick, Joanie nous a expédiés aux écuries où nous nous sommes affairés autour des chevaux. Alix a entrepris de démêler soigneusement leurs crinières et leurs queues pendant que je ramassais le crottin dans une brouette. Vincent, après avoir pansé Chicouté, est resté dans son box : il le caressait en chuchotant à son oreille. Le cheval semblait l'écouter et acquiescer parfois d'un mouvement de tête.

— Je me sens vraiment bien avec les chevaux, a dit soudain Alix. Ça dépasse le plaisir de monter... Et toi, Luc ?

J'ai compris qu'elle voulait essayer de faire parler notre silencieux compagnon et je me suis prêté au jeu.

— Moi aussi. Ils sont... calmes. Paisibles. Et puis j'aime leur beauté, leur puissance... Qu'est-ce que tu en penses, Vincent ?

Le garçon nous a dévisagés l'un après l'autre, l'air méfiant, puis a repoussé une mèche de cheveux qui lui tombait sur les yeux.

— Je les aime parce qu'ils ne me jugent pas, *eux*. Ils ne mentent pas, ne trichent pas. On peut leur faire confiance !

— C'est vrai, a approuvé Alix. Je ne pense pas qu'un cheval puisse trahir celui qui prend soin de lui !

— Il réagit lorsqu'il a peur ou mal, a continué Vincent. Comme le renard, tout à l'heure...

— Il a dû se prendre la patte dans un piège, a soupiré Alix, et lutter pour s'en dégager. Vous avez vu ses yeux affolés ? Il doit souffrir, je déteste ça.

— Il faut faire quelque chose pour le sauver, a déclaré Vincent avec ardeur. On doit pouvoir le soigner ! Mais comment l'attraper ?

— Et si on demandait l'aide de Patrick ? ai-je proposé. J'ai l'impression qu'il s'intéresse aux animaux sauvages, j'ai vu de superbes photos dans son bureau... Peut-être connaît-il l'adresse d'un refuge, ou d'un vétérinaire pas trop loin d'ici.

— Tu as raison, c'est ce qu'il y a de mieux à faire, a affirmé Alix. Il pourrait nous accompagner là-bas. Après tout, il doit récupérer son matériel...

— Il n'en est pas question !

Le père de Vincent venait de faire irruption dans l'écurie. Il avait dû entendre une bonne partie de notre conversation, car il paraissait hors de lui.

— Cet animal a attaqué mon fils, et vous ne trouvez rien de mieux à faire que de chercher un moyen de le soigner ! Et puis quoi encore ? Je vais m'en occuper, moi, et tout de suite ! a-t-il hurlé. Je vais l'éliminer pour qu'il ne puisse plus nuire à personne... une balle dans la tête, c'est tout ce qu'il mérite !

— Mais, papa...

— Toi, tais-toi ! Tu es pire que les deux autres...

7

— Reste avec Vincent, ai-je soufflé à Alix avant de me lancer à la poursuite de Maurice.

Le père d'Arthur s'est précipité vers le chalet, a pris un fusil dans l'une des vitrines du salon et s'est mis en quête de cartouches, ouvrant placards et tiroirs et jetant pêle-mêle leur contenu sur le sol. Ses traits étaient figés, ses yeux durs. Affolé, j'ai appelé Joanie, mais elle devait être dans son bureau, ou à la lingerie, et ne m'a pas entendu.

— Vous n'avez pas le droit de fouiller les meubles en l'absence des propriétaires, ai-je avancé.

— Je m'octroie tous les droits quand il s'agit de sauver la vie d'Arthur, et si cette bête sauvage ne disparaît pas aujourd'hui même, c'est nous qui quitterons cet endroit !

J'ai pensé à part moi que ce ne serait peut-être pas une mauvaise idée.

« Ce type est cinglé. Pourvu qu'il ne trouve pas les cartouches ! Je ne suis pas de taille à lui arracher le fusil des mains... »

Que faire ? Toute discussion était manifestement inutile. Je commençais à comprendre pourquoi Vincent était si taciturne : à quoi bon parler quand personne ne vous écoute ? Figé dans un coin de la pièce, je sentais la colère de Maurice, une colère mêlée de peur. Que craignait-il à ce point ? J'avais déjà vu, au club, des parents inquiets pour leurs enfants – des mères qui refusaient de les regarder faire un parcours d'obstacles tant elles craignaient une chute, ou qui suivaient leurs évolutions avec angoisse, le souffle court, les épaules crispées – mais Maurice, c'était différent. Ses mains tremblaient, et je voyais des gouttes de sueur perler à son front. Retranché en lui-même, il était sans doute capable de menacer quiconque tenterait de se mettre en travers de son chemin.

Enfin, j'ai entendu le bruit d'un moteur. J'ai couru au-dehors. C'était bien le 4×4 ; notre guide était en train d'ouvrir la porte du garage. Son haleine formait, devant sa bouche, de petits nuages blancs.

— Patrick ! ai-je haleté, Maurice a perdu la tête... Il a pris un de tes fusils, et il fouille partout pour trouver des cartouches... Il veut tuer le renard, et...

Les mots se bousculaient dans ma bouche.

— Pas de panique, Luc. Personne ne pourra trouver de cartouches dans cette maison pour la bonne raison qu'il n'y en a pas ! Les fusils exposés dans les vitrines sont des armes de collection dont je n'ai jamais eu l'intention de me servir. Reste dehors un moment, je vais m'occuper de cet excité !

— Où est papa ?

Arthur, en pleine forme, brandissait un sac de bonbons au sirop d'érable.

— Alors ? ai-je demandé à Anne qui descendait de la cabine.

— Le médecin l'a examiné, il n'y a aucun danger de contamination, m'a-t-elle confié, soulagée. Il paraît qu'il n'y a pratiquement plus de cas de rage dans la région...

— Oui, il m'a tout expliqué ! a claironné le jeune garçon. Ils vaccinent les animaux sauvages...

Je voulais les retenir à l'extérieur aussi longtemps que possible, aussi l'ai-je taquiné :

— Ils leur courent après avec une seringue ?

— Non ! Ils montent dans un avion... et ils jettent des appâts contenant des vaccins partout où les animaux risquent d'attraper la maladie. C'est super, non ? Le docteur m'a donné des bonbons. Tu en veux un ?

— Oui, merci.

Je jetais des regards inquiets vers la porte du chalet.

« Je n'entends rien... pourvu qu'ils ne se battent pas ! »

— Pourquoi restes-tu là, en pull ? m'a demandé Anne qui me dévisageait avec perplexité. Tu vas t'enrhumer... Allez, rentrons. J'ai hâte de me réchauffer auprès d'un bon feu... et j'aimerais bien boire quelque chose de chaud ! Arthur, mon ange, tu voudras un chocolat ?

J'ai esquissé un geste pour la retenir, mais la porte s'est ouverte et Patrick m'a fait signe, le pouce levé.

« Donc tout va bien. Ouf ! »

En entrant dans la pièce à vivre, j'ai vu que le fusil avait réintégré sa vitrine. Maurice, apparemment calmé, était debout à côté de la cheminée et regardait les bûches flamber. À la crispation de sa main droite, qu'il ouvrait et fermait sans cesse comme si des fourmillements le gênaient, j'ai deviné que sa colère n'était pas éteinte.

— Maurice et moi sommes tombés d'accord, a dit Patrick avec un regard d'avertissement pour son hôte. J'ai appelé un agent chargé de la préservation de la faune, il va se charger du renard. Nous allons l'endormir et le transporter dans une clinique. Le vétérinaire le soumettra à tous les tests nécessaires et soignera sa patte blessée. Tu viens avec moi, Luc ? Il faut aussi rapporter le matériel, et j'aurai besoin d'un assistant.

— L'essentiel, c'est qu'Arthur soit indemne, a bougonné Maurice, qui avait pris le petit garçon dans ses bras. Faites ce que bon vous semble de cette maudite bestiole... Mais si je la revois rôder par ici, je n'aurai pas besoin d'un fusil pour m'en débarrasser !

Ignorant cette remarque, Patrick s'est tourné vers Anne.

— Vous avez eu votre compte d'émotions pour la journée, a-t-il dit. Si vous voulez vous reposer, Joanie peut s'occuper d'Arthur...

— Je... je ne voudrais pas le laisser seul, a murmuré la jeune femme.

— Je n'ai jamais dit qu'il serait *seul*.

Il a semblé sur le point d'ajouter quelque chose, puis s'est ravisé.

— Allons-y, Luc. Je charge le skidoo... Couvre-toi !

Au bruit du moteur, Vincent et Alix sont sortis de la grange.

— Où allez-vous ? a crié Alix.

— Chercher le renard pour le conduire chez le vétérinaire, ai-je répondu.

Elle m'a fixé un instant, puis a haussé – oh, très légèrement – les sourcils. J'ai soupiré. Le message était clair.

— Tu devrais accompagner Patrick, ai-je proposé à Vincent. Pour un futur vétérinaire, c'est une expérience à ne pas manquer !

Il a hésité.

— Tu es sûr ? Je ne voudrais pas... être de trop.

— Un garçon débrouillard n'est jamais de trop !

Patrick tendait sa main gantée pour aider Vincent à monter derrière lui sur le siège.

— Tu veux être vétérinaire ? Ça c'est une djobbe en or ! Mon ami Gilles te fera visiter sa clinique. C'est lui qui soigne mes chevaux, et c'est un passionné ! Il a même commandé aux États-Unis une table d'opération spéciale : on y attache le cheval avec des sangles et ensuite on bascule le tout.

— C'est vrai ?

Vincent paraissait enthousiasmé.

— Et pour le renard ? Comment allons-nous le transporter ?

— Les agents qui s'occupent de la faune sauvage disposent de tout l'équipement nécessaire : bâche, cartouches anesthésiantes... mieux vaut ne courir aucun risque. Si tu veux, tu pourras...

Le reste de l'échange s'est perdu dans les pétarades du skidoo qui démarrait.

8

Il n'était que trois heures de l'après-midi, mais j'avais l'impression d'avoir vécu une très longue journée.

— On rentre ? ai-je suggéré, juste au moment où Alix prononçait les mêmes mots en me fixant d'un air interrogateur.

Elle a éclaté de rire, et je lui ai fait écho sans réticence.

— Ce n'est pas si mal de se comprendre à demi-mot... avoue !

Ses yeux brillaient de malice. Avec sa grosse polaire rouge et le bandeau inuit brodé de petites perles d'os qui retenait ses cheveux noirs, elle était belle – mieux que belle, irrésistible. Je l'ai embrassée, goûtant son haleine tiède, la douceur de ses lèvres.

— OK, j'avoue. Il te suffit de bouger un

sourcil pour me faire faire tout ce que tu veux... Comme laisser ma place à l'arrière du skidoo, par exemple !

— Vincent était si malheureux, a-t-elle plaidé. Je ne savais plus quoi dire pour lui remonter le moral. Son père est très dur avec lui...

— C'est bon, j'avais compris !

Alix a passé son bras autour de ma taille et nous sommes revenus à pas lents vers le chalet.

— Ça t'ennuie vraiment ? a-t-elle interrogé.

— Quoi ?

— Cette... complicité entre nous. Le fait que les autres nous voient comme...

Elle cherchait ses mots.

— ... comme un tout.

Alix n'avait pas dit « couple », même si elle l'avait pensé, et je lui en étais reconnaissant.

— Non, ai-je répondu, pesant chacun de mes mots. Ça ne m'ennuie pas, pas vraiment. Je crois plutôt que ça m'angoisse... un peu.

— Mais pourquoi ?

— Au collège, les autres sortent ensemble

un mois, deux mois, ou trois, et puis c'est fini. Tout le monde nous dit que c'est normal, qu'à notre âge on ne peut pas s'attacher sérieusement. Et moi, j'ai l'impression d'avoir trouvé du premier coup la femme de ma vie, alors j'ai peur.

Alix a pris une grande inspiration ; avant qu'elle puisse ouvrir la bouche, j'ai enchaîné :

— J'ai peur de changer, j'ai peur que tu changes. Que ça ne dure pas... Tu comprends ?

— Oui, a-t-elle répondu d'une voix ténue.

Elle s'est immobilisée ; ses yeux brillaient toujours mais, à ma grande stupéfaction, je me suis aperçu qu'ils étaient pleins de larmes.

— Espèce d'idiot... Et moi, tu crois que je n'ai pas peur ? Seulement...

Elle a enfermé mon visage dans ses mains et m'a embrassé.

— ... j'ai décidé de courir le risque, a-t-elle affirmé. Je crois que ça en vaut la peine, pas toi ?

Sans attendre ma réponse, elle a gravi les trois marches de la terrasse qui prolongeait la pièce à vivre, du côté du soleil couchant.

Les rayons obliques allumaient des flammes dans les vitres, et sa silhouette, l'espace d'une seconde, s'est détachée avec netteté sur ce fond rouge et or. Ébloui, j'ai fermé les yeux. Quand j'ai regardé de nouveau, la porte-fenêtre s'était refermée. J'étais seul – non, pas *vraiment* seul. Je sentais encore ses paumes sur mes joues, ses lèvres sur les miennes.

« C'est une fille merveilleuse. J'ai de la chance. Pas comme Vincent... »

Dans d'autres circonstances, j'aurais pu envier Vincent. Mes parents étaient morts trois ans plus tôt dans un accident – lui avait toujours les siens, et un jeune frère qui l'admirait éperdument.

« Une belle petite famille comme dans les spots publicitaires... mais ça, c'est le décor. En réalité, Papy et Mamy sont bien plus jeunes d'esprit que Maurice et Anne. Plus compréhensifs, plus ouverts aussi. Et Alix... »

Elle devait m'attendre. J'ai jeté un coup d'œil à ma montre : nous avions le temps de faire quelques parties de Monopoly avant le dîner.

« Décidément, on est un vieux couple,

avec des occupations de vieux couple. Mais je m'en fiche. Je l'aime. »

À l'heure du souper, Patrick et Vincent n'étaient toujours pas rentrés.

— Ils ont dû s'attarder chez Gilles, a estimé Joanie. Mettons-nous à table, le parfum des fèves au lard les fera venir bien vite !

Le plat était succulent, mais l'atmosphère, autour de la table, restait tendue. Maurice, qui n'avait pas dit un mot depuis le début du repas, jetait de fréquents coups d'œil par la fenêtre ; Anne, mal à l'aise, s'agitait sur sa chaise et submergeait Arthur d'attentions maladroites.

— Tu n'as presque rien mangé, mon chéri. Ça ne te plaît pas ? Veux-tu une tranche de jambon ? Ou un gâteau ? Joanie, est-ce que je pourrais vous demander un œuf à la coque pour Arthur, avec des mouillettes beurrées ? Il y a des jours où il n'accepte de prendre que cela...

À ma grande surprise, notre hôtesse, si obligeante envers tous, n'a pas bougé de sa place.

— Je n'ai encore jamais vu un enfant se

laisser mourir de faim, a-t-elle répliqué avec douceur. Si le jeune Arthur n'apprécie pas notre spécial[1], il mangera mieux demain, voilà tout.

— Mais il est de santé délicate, et...

— Avec cette mine ?

Anne a rougi.

— Vous devez me prendre pour une mère poule, mais... Nous avons eu tant de mal à l'avoir...

— Pourtant, vous aviez déjà mis au monde un beau garçon, a remarqué Mamy. Et donc aucune raison de douter de...

Le bruit de la porte qui s'ouvrait l'a interrompue. Vincent et Patrick, couverts de neige, s'ébrouaient en ôtant leurs anoraks.

— C'est glissant en maudzi ! a lancé notre hôte. Commence à faire trop frette pour se promener la falle à l'air[2]... Joanie, nous mourons de faim !

— Vous avez de la chance, Arthur a décidé de vous laisser sa part, a souri la jeune femme en remplissant généreusement deux assiettes.

1. Plat du jour.

2. Il commence à faire trop froid pour se promener le cou à l'air.

— Arthur, mange tes fèves au lard, a jeté Maurice d'un ton sec. Je n'accepterai pas que tu ailles te coucher le ventre vide.

— Papa... j'aime pas ça, a gémi le gamin.

— Laisse-le, a dit Vincent. Si tu le forces, il va se rendre malade.

Vincent était métamorphosé : il se tenait droit, ses gestes semblaient plus assurés.

— Formidable, cette clinique ! a-t-il commencé, la bouche pleine. L'ami de Patrick est un spécialiste de la faune sauvage, et...

— Tu me donnes des conseils, maintenant ? Pour qui te prends-tu ? l'a coupé Maurice avec brutalité.

— Vincent a raison ! a crié Arthur. Il est plus gentil que toi !

Il s'est levé de table et s'est réfugié derrière son frère.

— Alors voilà ce que tu essaies de faire !

Maurice s'était dressé et se penchait au-dessus de la table, frémissant de rage.

— Monter cet enfant contre moi ! C'est ta manière de te venger ?

— Me venger de quoi ?

Vincent faisait front, mais sa voix tremblait.

— Tu n'as pas à te mêler de l'éducation d'Arthur, continuait le père. Figure-toi que dans ce domaine j'ai sur toi un avantage : je suis du même sang que lui !

Un silence terrible s'est appesanti sur nous. Vincent a blêmi ; puis il a lâché sa fourchette qui est tombée dans son assiette de fèves, éclaboussant la nappe.

— Vincent, a murmuré Anne.

— Je vais vous laisser tranquilles, a-t-il articulé avec peine.

— C'est ça ! a lancé Maurice, sarcastique. Va donc retrouver ton précieux renard !

J'ai passé une mauvaise nuit. Je me tournais et me retournais dans mon lit, avec l'impression désagréable qu'un objet dur était caché sous mon matelas. Vers cinq heures, croyant avoir entendu un bruit, je me suis levé pour regarder par la fenêtre : la lune était presque pleine et nimbait la forêt d'une étrange lumière argentée. Sur le toit de la grange, la neige épaisse brillait comme un glaçage de sucre.

« Les chevaux... Je devrais peut-être aller voir si tout va bien. »

Mais l'agitation s'était calmée et je suis retourné sous ma couette, bien au chaud. Ce qui n'a pas empêché mon cerveau de continuer à ressasser les événements de la soirée.

« Vincent est un enfant adopté... mais pas Arthur. Je comprends qu'il se sente toujours en trop. Pourquoi les parents montrent-ils autant leur préférence ? C'est injuste ! Ils l'ont choisi, non ? »

J'ai bourré mon oreiller de coups de poing ; j'en aurais bien fait autant à cet idiot de Maurice. Quand Vincent avait quitté la table, sans rien avaler, il n'avait pas esquissé un geste pour le retenir.

« Il doit mourir de faim, en plus ! »

J'avais des barres de céréales dans mes bagages – un en-cas acheté à l'aéroport, à Montréal. Mon portable indiquait 5 h 30.

« Encore deux heures avant le petit déjeuner ! Je vais aller frapper doucement à sa porte. S'il ne dort pas, je lui donnerai de quoi grignoter. »

Un peu réconforté par la perspective d'entreprendre quelque chose, n'importe quoi, pour Vincent, je me suis relevé et j'ai enfilé deux pulls par-dessus mon pyjama. Les chambres occupées par la famille se trouvaient dans l'autre bâtiment, relié au chalet par une véranda ouverte.

« Si je marche vite, je ne sentirai même pas le froid. »

La porte de la chambre de Vincent était entrouverte. J'ai passé la tête dans l'entrebâillement.

— Tu dors ? ai-je chuchoté.

Pas de réponse. Doucement, j'ai poussé le battant. Les rideaux étaient ouverts et la clarté de la lune se répandait sur le couvre-lit bien tiré. Personne. L'armoire béait ; un sac de voyage débordait de vêtements froissés.

En courant, je suis retourné au chalet et j'ai inspecté le sas d'entrée. Les grosses chaussures de Vincent ne s'y trouvaient pas, son anorak non plus. Son sac à dos avait également disparu.

Quand j'ai touché l'épaule d'Alix, elle s'est réveillée instantanément. Ses cheveux ont glissé sur son épaule comme un rideau de soie, tandis qu'elle se redressait, sur le qui-vive.

— Luc ! Il y a le feu ?

— Presque. Vincent est parti... Dans la forêt, par ce froid ! Il faut le retrouver !

9

— Attends... Ne panique pas. Tu l'as cherché ailleurs que dans sa chambre ?

— Il n'est ni dans le salon ni dans la cuisine. J'ai même inspecté les toilettes et les salles de bains ! Et il a emporté des vêtements chauds...

— Il reste les écuries. Vincent a pris Chicouté en affection, il a pu avoir envie de lui confier son mal de vivre... Les chevaux sont parfois plus patients que nos meilleurs amis. Quand je suis déprimée, ma mère me retrouve soit devant mon piano, soit dans le box de Mékong !

Je n'ai pu m'empêcher de rire.

— Et tu es souvent déprimée ?

— Non, pas très... Je m'habille et on va jeter un œil dans la grange, d'accord ? Inutile de réveiller tout le monde.

Le thermomètre extérieur indiquait – 25 °C. Les chevaux, qui nous avaient accueillis avec des hennissements de bienvenue, nous ont suivis du regard, curieux et sans doute déçus : ils devaient espérer une distribution exceptionnelle. Nous avons appelé, fouillé les moindres recoins, sans succès. Seule trace du passage de Vincent, un petit tas de foin dans le box de Chicouté – le seul à ne pas manifester son impatience.

— Il est venu pour dire au revoir à son cheval préféré, et reparti, a conclu Alix. Mais où a-t-il pu aller ? Si je me souviens bien, Mont-Sainte-Anne est à plus de vingt kilomètres...

— Nous n'avons plus le choix, il faut donner l'alerte. Vincent ne tiendra pas longtemps dans la nature par un froid pareil !

Patrick a immédiatement prévenu les secours.

— J'appelle l'association « Réseau Enfants Retour », a-t-il déclaré en décrochant le combiné du téléphone. Ils sont spécialisés dans les disparitions de mineurs et savent que les premières heures sont déterminantes... Ce Maurice, tu parles d'un sans-dessein[1] ! j'aurais dû m'en douter...

La thèse de la fugue paraissait la plus évidente – Vincent avait ouvert les placards de la cuisine et emporté des fruits secs ainsi que plusieurs tablettes de chocolat –, aussi des compagnies de gendarmes ont-elles rapidement été chargées de quadriller les alentours du camp. Pour la première fois, Anne et Maurice paraissaient désorientés. Le brigadier responsable des recherches leur a déconseillé de se joindre aux équipes de secours : ne connaissant pas la région, ils auraient gêné les sauveteurs. Joanie et ma grand-mère ont pris le 4×4 : elles comptaient aller jusqu'à la clinique où Vincent, la veille, avait sympathisé avec le vétérinaire. Patrick, lui, est parti en skidoo inspecter les sentiers que nous avions suivis avec les chevaux. Les parents sont restés prostrés dans le salon, incapables même de s'occuper d'Arthur, qu'Alix et moi avons pris en charge – trop heureux de trouver une occupation.

1. Imbécile.

Le bambin, qui avait refusé de toucher à son petit déjeuner, était surexcité. Nous avons sorti un par un les jeux de société rangés dans l'armoire, mais aucun ne retenait son attention plus d'un court moment.

— Où est Vincent ? a-t-il demandé à brûle-pourpoint alors que je tentais de l'intéresser à une partie de Cluedo.

Alix a jeté un coup d'œil vers Maurice, mais celui-ci n'a pas réagi.

— Il va revenir bientôt, a-t-elle assuré avec douceur.

— C'est quoi, le sang ?

— Que veux-tu dire ? ai-je interrogé, inquiet.

— Hier soir, papa a parlé de sang. Il a dit qu'il avait le même sang que moi... Pourtant, il est vieux, et pas moi. On ne peut pas avoir le même ! Je n'aime pas le sang... Quand les gens saignent, ils meurent... C'est comme à la télé...

— Alix... Je crois qu'Arthur aimerait jouer dehors, est intervenu mon grand-père. Et si vous construisiez un beau bonhomme de neige pour accueillir Vincent à son retour ?

— Oui ! a applaudi Arthur. On y va ?

Alix m'a interrogé du regard, puis s'est

levée et a suivi le petit garçon hors de la pièce. Nous l'avons entendu babiller gaiement pendant qu'elle l'équipait.

Puis Papy s'est adressé à Anne et Maurice :

— Je sais bien que les circonstances ne sont pas idéales pour en parler, mais quand une pensée me trotte dans la tête, il faut qu'elle en sorte : je ne comprends pas votre attitude vis-à-vis de Vincent, et je ne suis pas le seul. Quand un couple adopte un enfant c'est pour l'aimer, autant que le sien... mais avec vous il y a deux poids, deux mesures, comme s'il y avait un vrai fils et un faux, un bon et un mauvais !

Anne a éclaté en sanglots.

— Nous ne nous rendions pas compte... La naissance d'Arthur a été pour nous comme un miracle. Vous comprenez, les médecins ne nous avaient pas laissé d'espoir, c'est pourquoi nous avons adopté Vincent.

— Ce n'est pas une raison pour abandonner affectivement votre premier enfant, que vous désiriez, que vous avez dû attendre des mois ou des années !

— C'est ma faute, a murmuré Maurice. Quand j'ai vu grandir Arthur et constaté que chaque année qui passait il me ressemblait davantage, j'ai pensé que notre entourage allait s'imaginer des choses bizarres... qu'Anne avait pu me tromper...

Sa femme l'a dévisagé, les yeux agrandis.

— Tu as pensé *cela*... Oh, Maurice !

— Parce que vos amis ne sont pas au courant de l'adoption ? a continué mon grand-père.

— Non, a répondu Anne. Nous avions honte d'être incapables de mettre un enfant au monde. Notre installation à Bourges a coïncidé avec l'arrivée de Vincent et nous avons coupé les ponts avec nos anciennes relations.

— Et vous en avez parlé à Vincent, à son frère ?

— Non... Jamais ouvertement.

— Mais le garçon est au courant, ça crève les yeux !

— Si seulement je n'avais rien dit, hier soir..., a gémi sourdement Maurice.

— Il le savait avant !

Anne s'est tournée vers moi.

— Comment ça ?

— Hier, il a fait une réflexion que j'ai trouvée bizarre, sur le moment... mais maintenant je comprends. Il a dit : « Mes parents me détestent... Ils n'ont plus besoin de moi, maintenant. »

— Mon Dieu...

La mère de Vincent a enfoui son visage dans ses mains et a recommencé à pleurer.

— S'il lui arrive quelque chose, a-t-elle repris d'une voix saccadée, je ne me le pardonnerai jamais !

Elle a relevé la tête et fixé son mari.

— J'ai été faible, et lâche... Je ne l'ai pas défendu ! Tout ça pour avoir la paix ! Et je ne te pardonnerai jamais, à toi !

10

Sans un mot, Maurice s'est levé. La porte a claqué et un courant d'air froid s'est engouffré dans le salon.

— Où va-t-il ? a gémi Anne. Quel égoïste ! Je suis dans un état d'angoisse épouvantable, et lui, il va se promener !

Papy, en soupirant, a posé une main sur l'épaule de la jeune femme.

— Je vais essayer de lui parler. Serrez-vous les coudes, tous les deux... Vous réglerez vos comptes quand les sauveteurs auront retrouvé Vincent.

— Je me souviens..., a-t-elle balbutié, le jour où nous sommes allés chercher le bébé... Il était si mignon, si fragile, avec ses cheveux noirs et ses grands yeux... J'ai cru qu'on allait être heureux.

Anne tordait entre ses doigts un mouchoir trempé ; sa lèvre inférieure tremblait.

— Allons, a murmuré Papy, réconfortant. Il n'est jamais trop tard. Calmez-vous. Regardez, voilà Arthur qui revient, avec Alix. Faites un effort... pour lui.

Quelques minutes plus tard, il a toqué discrètement à la vitre et nous a fait signe de sortir.

— Maurice a décidé de partir à cheval à la recherche de son fils, nous a-t-il déclaré sans ambages. Quelle tête de bois ! Impossible de le raisonner.

— Mais il n'est pas cavalier ! s'est exclamée Alix. C'est de la folie !

— Vous avez vos portables ?

J'ai tâté ma poche.

— Oui, mais...

— Je propose que vous le suiviez à distance, pour sa propre sécurité. Vous m'indiquerez le chemin qu'il emprunte et je le tracerai sur la carte d'état-major qui est dans le bureau de Joanie. Je préviens immédiatement Patrick. Lui pourra peut-être faire quelque chose.

— Quel cheval a-t-il pris ? a demandé Alix.

— Baladin.

Nous avons échangé un coup d'œil.

— Encore heureux, ai-je remarqué. C'est le plus calme de l'écurie ! Alix, je te laisse Tit'Bé, d'accord ? Je monterai Chicouté. Dépêchons-nous !

Maurice avait dû batailler ferme avec le harnachement, car nous n'avons eu aucun mal à le rattraper. Arrêté à un tournant du sentier, il tentait sans grand succès de faire avancer sa monture qui, à la vue d'un arbre mort, s'était campée sur ses postérieurs et couchait les oreilles.

— Satanée bête ! l'ai-je entendu vociférer. Tu ne vas pas t'y mettre, toi aussi !

Levant le bras, il a cassé une petite branche dont il a frappé la croupe de Baladin. Le cheval, surpris, a fait un bond en avant.

— S'il reste en selle, je mange ma tuque [1], a grommelé Alix. Complètement inconscient !

Maurice, cramponné à la crinière, avait réussi à reprendre son équilibre et s'éloignait sans un regard en arrière. J'ai compris qu'il ne nous avait pas vus.

1. Bonnet.

— Allons-y, ai-je soupiré. On respecte les consignes : rester à distance et signaler tous ses changements de direction.

— Ça ne va pas être commode, a dit Alix. Ces chemins, sous la neige... et pas un rayon de soleil... J'ai un bon sens de l'orientation, mais là je manque de repères.

— On va essayer d'en trouver. Regarde : il vient de tourner à gauche derrière ce gros rocher. On dirait un éléphant, tu ne trouves pas ?

— Maurice ?

— Non, le rocher !

— À gauche après le rocher en forme d'éléphant, a récité Alix dans son portable. Enfin, c'est Luc qui le prétend. Oui, je pense que Patrick comprendra... Tout droit, maintenant. À droite à hauteur de, euh... un bouquet de trois arbres maigrichons. Non, je ne sais pas ce que c'est, mais ils sont vraiment emmêlés comme s'ils venaient de se battre... Écoute, Henri, je sais bien que ce n'est pas très précis, mais je fais de mon mieux !

— J'ai l'impression qu'il cherche à retrouver l'endroit où nous avons découvert le renard, ai-je chuchoté. J'ai déjà vu cette clairière.

— Clairière, a résumé Alix. On la traverse. Je crois qu'on va vers le nord, il y a beaucoup de mousse de ce côté des troncs... Luc, tu as un problème ?

Chicouté pesait sur son mors, la tête orientée vers la droite. D'une action de jambes énergique, je l'ai ramené au milieu du sentier.

— Hé, bonhomme, ce n'est pas le moment de... Zut !

L'alezan, échauffé, piétinait la neige et avançait en crabe. Il semblait vouloir m'entraîner vers les buissons.

— Relâche un peu tes rênes et pousse-le, m'a conseillé Alix.

Brusquement, Chicouté s'est cabré en lançant un hennissement strident. Tit'Bé, surpris, a fait un écart, et Alix a oscillé sur sa selle. La réaction de Baladin a été beaucoup plus violente : il a fait demi-tour et a pris le galop, revenant vers nous à une allure folle.

— Luc ! Attention !

J'ai essayé de m'écarter, mais l'alezan refusait toujours de tourner à gauche. Impuissant, je l'ai senti reculer pas à pas, puis déraper au bord d'un fossé plein de neige. Baladin fonçait sur nous ; son cavalier novice, incapable de le contrôler, avait lâché les rênes. Ses étriers ballottaient.

— Saute !

J'ai lancé ma jambe par-dessus l'encolure de Chicouté juste à l'instant où le cheval emballé le heurtait de plein fouet. Après un roulé-boulé dans la neige, je me suis relevé, étourdi mais indemne. Alix avait saisi l'une des rênes de Baladin qui renâclait, le poil fumant. Maurice avait eu moins de chance que moi : éjecté de sa selle, il était tombé lourdement sur le dos et ne bougeait plus.

— Papa !

De nouveau, les chevaux ont bronché : Vincent venait d'émerger d'un taillis et courait vers l'homme inanimé.

11

— Il est mort ! Il est mort !

Vincent sanglotait, au bord de l'hystérie. Agenouillé à côté de Maurice, il l'avait saisi aux épaules et le secouait désespérément.

— Arrête !

Fermement, je l'ai tiré en arrière.

— S'il est blessé, il ne faut pas le remuer ! Regarde, ses paupières battent. Il a eu le souffle coupé, c'est tout. J'ai déjà vu ce genre de chute, c'est spectaculaire, mais pas grave.

Maurice a ouvert la bouche ; il cherchait son souffle et émettait des sons rauques.

— Il souffre, tu vois bien !

— Dans quelques minutes il ira beaucoup mieux. Laisse-le respirer !

Vincent m'a fait face, les poings serrés.

— Ne me parle pas sur ce ton ! Pour qui tu te prends ?

Une bouffée de colère m'a envahi. Pour qui je me prenais ? Je m'étais levé aux aurores, je m'étais fait un sang d'encre, je m'étais occupé d'Arthur, j'avais essayé de veiller sur Maurice en dépit de lui-même, et Vincent osait me demander des comptes ? Je commençais à en avoir assez, de cette famille de tarés !

— Ça suffit, vous deux !

Alix avait attaché les chevaux à un arbre et revenait vers nous.

— Vous avez perdu la tête ? Regardez-vous ! Deux boxeurs prêts à cogner ! Franchement, j'ai honte pour vous !

Elle nous a foudroyés du regard et s'est penchée sur Maurice. Retirant sa parka, elle en a fait un rouleau qu'elle a glissé adroitement derrière sa tête.

— Là, ça va aller mieux. Ne bougez pas, les secours ne tarderont pas à arriver. Luc, mon portable est tombé dans le fossé et je crois que la neige ne lui a pas fait de bien... Appelle Henri, tu veux ? Dis-lui de nous envoyer une ambulance... si ce genre de véhicule existe en version tout-terrain !

Penaud, je me suis empressé d'obéir.

— Vincent, a gémi Maurice.

— Je suis là, a balbutié le garçon.

— J'ai eu si peur... Pardonne-moi.

— Tu... tu as mal ?

— Oui... à la jambe. Je crois... qu'elle est cassée. Fini, les vacances ! a-t-il tenté de plaisanter avec une ombre de sourire. Je n'ai pas été sage et je suis puni.

— Où êtes-vous ? J'ai essayé de joindre Alix au moins dix fois... Et tu ne répondais pas non plus !

La voix de mon grand-père, qui ne tentait plus de dissimuler son inquiétude, résonnait dans mon oreille. J'ai jeté un coup d'œil à l'écran de mon portable.

— Désolé, je l'avais mis sur silencieux sans le faire exprès... On a retrouvé Vincent. Plus exactement, c'est Chicouté qui l'a retrouvé. Il a dû sentir sa présence !

— Les chevaux m'étonneront toujours ! Et Vincent ? Il va bien ?

— Oh, très bien ! Il était prêt à m'expédier au tapis... non, je plaisante. Enfin pas vraiment. Je te raconterai. L'urgent, c'est de prévenir les sauveteurs : Maurice est tombé, il a très mal à la jambe. Une fracture, sans doute. On ne peut pas le ramener à cheval.

Papy a soupiré. Je n'avais pas besoin de le voir pour imaginer sa mimique.

— Quelle plaie, celui-là !

— Tu es injuste, ai-je plaidé, m'efforçant à l'objectivité. S'il n'était pas parti sur un coup de tête, nous ne l'aurions pas suivi... et Vincent serait encore dans la forêt.

— OK, a-t-il grogné. Je prends note de tes arguments. Mais je commence à en avoir assez de ce psychodrame familial...

J'ai ri.

— Moi aussi ! Pourtant, on dirait que c'est en train de s'arranger, ai-je ajouté en jetant un coup d'œil vers le groupe formé par Maurice et son fils. Tu me rappelles ?

— D'accord. Tenez bon, on va venir vous chercher...

Vincent avait ôté sa parka et l'avait étendue sur le blessé. Il grelottait.

— Reprends-la, a murmuré Maurice. Je ne mérite pas que tu prennes soin de moi.

— Ne dis pas n'importe quoi, a répondu Vincent, les yeux pleins de larmes.

— Oh, je n'ai fait que ça depuis des années, je peux bien continuer encore cinq minutes... Non, laisse-moi parler. Je suis désolé... Je me suis conduit en brute égoïste. Les médecins ne comprenaient pas pourquoi nous ne pouvions pas avoir d'enfant, alors je me suis imaginé qu'ils me ménageaient, que la stérilité était de mon côté. Et je me suis senti... diminué. J'avais l'impression de ne plus être un homme. Anne voulait à tout prix un bébé : j'ai dit oui pour l'adoption, mais à contrecœur. Chaque fois qu'elle te prenait dans ses bras, je ressentais comme un coup de poignard. Je n'avais pas été capable de lui donner cet enfant qu'elle désirait tant... J'ai fini par t'en vouloir, je pense. Par te rendre responsable.

— Mais quand Arthur est né, vous auriez dû vous sentir rassuré, non ? ai-je lancé avec agressivité. Personne ne pouvait plus douter de votre virilité !

Alix m'a tiré par le bras et nous nous sommes écartés de quelques pas.

— Hé, du calme, a-t-elle chuchoté. Tu as l'air prêt à te battre avec le monde entier, aujourd'hui ! Ça ne te ressemble pas.

— Je sais... J'enrage d'appartenir à la même espèce que Maurice, c'est tout. À cause de gens comme lui, les filles nous traitent en bloc de machos et prétendent que nous pensons avec nos hormones !

— Ah bon, ce n'est pas vrai ? a-t-elle feint de s'étonner. Tu veux dire que tu ne désires pas être « un homme, un vrai », du genre qui ne pleure pas, qui boit trop de bière avec ses copains en racontant des blagues de blondes, qui considère les femmes comme de petites choses fragiles et futiles et voudrait bien un fils, de préférence, pour continuer la lignée prestigieuse des Dupont-Durand ?

Je n'ai pu m'empêcher d'éclater de rire.

— Navré de te décevoir, mais la réponse est non... tu es déçue ?

— Horriblement !

Elle m'a caressé la joue.

— Ne sois pas trop sévère avec Maurice : au moins, il a le courage de reconnaître ses torts.

— Donc tu estimes que son cas n'est pas désespéré ?

— Tu vas peut-être penser que je suis naïve, mais pour moi, il n'y a pas de cas désespérés. Je crois que tout le monde est capable d'évoluer... Tiens, j'entends un moteur !

C'était le skidoo de Patrick, qui précédait la motoneige du secours en montagne. Pendant que les sauveteurs s'affairaient autour de Maurice, l'enveloppant dans une couverture de survie et maintenant sa jambe blessée à l'aide d'une attelle avant de l'installer dans la civière, Vincent est venu vers moi.

— Excuse-moi, pour tout à l'heure, a-t-il déclaré en me regardant bien en face. Vous avez été formidables, et moi...

Il s'est interrompu, puis a repris avec un petit sourire désabusé.

— Je viens de me découvrir une ressemblance avec mon « père » : j'ai aussi mauvais caractère que lui !

— Vous en trouverez d'autres, a dit Alix. Et de plus sympas, tu verras !

12

Le champ clôturé qui s'étendait derrière la grange ne ressemblait en rien aux carrières dont, Alix et moi, nous avions l'habitude. La neige, piétinée par les sabots des chevaux qu'on y lâchait quelques heures par jour pour leur permettre de se dégourdir les jambes, avait une teinte gris sale ; pas de barres d'obstacles, pas de lettres pouvant servir à délimiter un carré de dressage, ni de cônes pour les jeux et les slaloms. Et pourtant, par cette belle matinée ensoleillée, un cavalier, bien droit en selle et attentif aux paroles de sa monitrice, longeait la barrière.

Vincent prenait sa première leçon d'équitation !

Maurice, appuyé sur deux cannes, avait pris place dans l'abri de pêche de Patrick, sorte de tente ouverte devant laquelle un petit brasero réchauffait un peu l'air glacé. Anne, qui semblait avoir reporté sur son mari une partie de l'attention sourcilleuse qu'elle consacrait à Arthur, le suivait pas à pas, s'inquiétant de son confort, déplaçant sans cesse le tabouret sur lequel reposait sa jambe plâtrée.

— Le prestige du blessé, m'a glissé Patrick avec un clin d'œil. Crois-moi, Luc, si un jour tu crains que ta femme te parle dans le casque[1], prends le large et reviens avec une jambe ou un bras en moins... ça arrange tout ! En attendant, le jeune Arthur est bien plus tranquille sans sa mère toujours à l'achaler[2] !

Arthur, perché sur le portillon qui donnait accès au champ, semblait, en effet, euphorique : il se balançait depuis dix minutes et personne ne lui avait encore prédit qu'il allait tomber ! Éperdu d'admiration, il suivait du regard son aîné qui, sur un Chicouté sage comme une image, venait de décrire un large cercle autour d'Alix.

— Oui, c'est bien ! Tourne un peu ton

1. Te dise tes quatre vérités.
2. L'importuner.

poignet, les ongles vers le ciel, pour attirer le bout du nez de ton cheval du côté où tu veux tourner. Et n'oublie pas de donner des jambes ! Quand tu es à vélo, si tu tournes le guidon sans pédaler, il ne se passe rien. À cheval, c'est pareil.

Je trouvais Alix très à l'aise dans son rôle d'enseignante. De nous tous, c'était elle qui avait le meilleur niveau, puisqu'elle préparait le Galop 7. En outre, elle avait toute sa vie vu sa mère donner des cours à des cavaliers débutants. Sa voix et ses gestes étaient assurés, ses consignes claires.

— Départ au trot... Donne un petit coup de talons et desserre tes doigts sur les rênes. Tu peux tenir la crinière d'une main, le temps de trouver ton équilibre. Comme ça, tu éviteras de lui tirer sur la bouche...

Vincent s'appliquait, le front plissé.

— Et détends-toi ! a lancé Alix en riant. Quel sérieux ! N'oublie pas que tu montes à cheval pour te faire plaisir !

— Pour le fun ! a crié Arthur, imitant avec drôlerie l'accent de Patrick.

— Tu as tout compris à la vie, bonhomme !

Le guide, taquin, a ébouriffé les cheveux du petit garçon.

Sur la piste, la leçon se poursuivait : Alix expliquait à son élève le principe du trot enlevé. Après deux ou trois tentatives malheureuses, Vincent a réussi à suivre le rythme de Chicouté sur quelques dizaines de mètres.

— Bravo ! Souffle un peu au pas, rênes longues...

En repassant devant son petit frère, Vincent lui a souri.

— Tu veux faire un tour ?

— Je peux ?

Le gamin, inquiet, s'était tourné vers ses parents.

Maurice a ouvert la bouche – sans doute pour lancer une de ses habituelles diatribes contre l' « inconscience » supposée de son aîné – puis, faisant effort pour se contrôler, l'a refermée. Anne, sans le regarder, a répondu posément.

— Bien sûr, mon chéri. Avec ton grand frère, tu ne crains rien. Et Chicouté est très calme, n'est-ce pas, Patrick ?

— Je comprends qu'il l'est ! Mais je vais le tenir quand même par la bride...

Il a soulevé Arthur et l'a posé à califourchon devant Vincent.

— Tchèke-twé bein [1], on est partis !

Anne a pris dans son sac son appareil photo.

— Regardez-moi..., a-t-elle réclamé. Magnifique ! Je collerai cette photo dans notre album, avec comme légende : « Mes deux cavaliers dans la neige »... Ça vous plaît ?

Je n'ai pas entendu la réponse de Vincent. Il avait passé les bras autour de son frère et se laissait bercer par le rythme du pas, un sourire heureux aux lèvres.

Alix m'a rejoint et s'est accoudée à la barrière.

— Tu crois qu'ils penseront à tout ce qui vient de se passer, quand ils regarderont cette photo ? Ou bien est-ce que ce ne sera plus qu'un souvenir de vacances comme les autres ?

Elle a suivi du regard le petit groupe qui s'éloignait. Puis elle a murmuré :

— Je crois qu'ils n'oublieront pas.

1. Fais bien attention à toi !

Tu as aimé

Des chevaux dans la neige

Alors découvre vite
un autre épisode de la série

En Selle!

Mystère au Cadre Noir

Un grincement lancinant m'a tirée du sommeil. L'horloge lumineuse en forme de bicorne noir et or fixée au mur de la chambre indiquait trois heures du matin. Dans le lit voisin, Jessica dormait à poings fermés.

Des chevaux piaffaient et hennissaient, martelant le sol de leurs sabots. Se mêlant à l'étrange cliquetis de chaînes, ce tintamarre avait quelque chose de surnaturel, comme si une horde de chevaliers fantômes passait dans la nuit, portée par les ailes du vent, en clamant sa colère.

Je me sentais engourdie et un peu désorientée. Je partageais une chambre avec ma sœur, mais ce n'était pas la nôtre... Une profonde armoire de bois sculpté se dressait là où normalement aurait dû se trouver ma bibliothèque. Des rideaux, et non des stores, protégeaient les fenêtres. Le long des plinthes, une frise de chevaux stylisés courait d'un mur sur l'autre.

Des chevaux. Oui. Je me souvenais à présent : nous étions à Saumur, chez Henri et Danièle, des amis de nos parents, qui nous avaient invitées pour les vacances d'automne. Henri, responsable de la sécurité à l'École Nationale d'Équitation de Terrefort, disposait d'un logement de fonction : une petite villa située à la périphérie du domaine et que de hauts arbres dissimulaient aux regards. Dix jours avec les célèbres écuyers du Cadre Noir, le rêve... Jess n'en dormait plus depuis des semaines. Mais cette nuit-là, elle devait avoir décidé de se rattraper. Une vraie bûche !

Comme le vacarme prenait de l'ampleur, je me suis levée. J'hésitais. Fallait-il donner l'alerte ? Cette agitation, dans un lieu où un si grand nombre de chevaux se trouvaient enfermés pour la nuit, était peut-être habituelle.

J'ai enfilé mon peignoir et descendu l'escalier à pas de loup. En m'approchant de la fenêtre du salon, j'ai constaté que l'effervescence semblait se calmer dans l'écurie la plus proche, mais qu'elle avait gagné le bâtiment voisin.

— Que se passe-t-il, Léa ? J'ai vu de la lumière... Tu n'es pas malade ?

Danièle, ses cheveux poivre et sel tout ébouriffés, se tenait dans l'encadrement de la porte.

— Non, je vais bien. Mais j'ai entendu des bruits bizarres. Comme si des machines se mettaient en route... Les chevaux n'ont pas l'air d'apprécier !

Elle a tendu l'oreille.

— Les distributeurs automatiques de granulés ! À cette heure-ci, ce n'est pas normal. Je vais réveiller Henri.

Je suis remontée passer un jean et une parka par-dessus mon pyjama, puis j'ai dégringolé à nouveau les marches. La barrière du jardin était ouverte et le faisceau d'une lampe-torche ondulait sur le gazon. J'ai rattrapé Henri quelques mètres plus loin. Il a pressé un bouton et une haute porte a coulissé, découvrant deux interminables rangées de boxes dans lesquels les chevaux, calmés, mastiquaient leurs granulés.

— Ils ont une ration en pleine nuit ? ai-je demandé, incrédule.

Henri s'est retourné.

— Léa ? Que fais-tu dehors à cette heure ? Cours te recoucher, tu vas prendre froid ! Le brouillard est traître...

— Et vous ?

— Je vais débrancher toutes les machines. Le programmateur doit être déréglé. C'est la première fois que cela arrive, alors que l'installation date d'une vingtaine d'années... Je ne comprends pas ce qui a pu se passer.

— Si ça ne vous ennuie pas trop, je vous accompagne. Je n'arriverai jamais à me rendormir ! Et puis, découvrir l'école au clair de lune... c'est magique ! Je ne raterais ça pour rien au monde !

Après avoir traversé l'écurie Bouchet, qui portait le nom d'un ancien écuyer en chef, nous sommes entrés dans l'écurie Valat : le distributeur de granulés, là aussi, était en marche. Des tuyaux fixés au-dessus des boxes acheminaient la nourriture jusqu'aux mangeoires. Le mécanisme, une sorte de vis sans fin, fonctionnait dans un insupportable bruit de ferraille et les chevaux qui n'étaient pas encore servis menaçaient leurs voisins, lèvres retroussées et oreilles couchées en arrière. Heureusement, de solides grilles de fer les séparaient.

— C'est vraiment bizarre, a déclaré Henri. Les machines ne sont pas reliées entre elles... Et elles se sont déréglées presque simultanément !

— Leur programmation aussi est indépendante ?

— Oui. Et je suis bien incapable de déceler l'erreur, encore plus de la réparer ! Je vais attendre que tous aient reçu leur ration pour stopper le moteur, sinon les chevaux privés de nourriture vont s'agiter et risquent de se blesser...

Dans le box le plus proche de moi, une grande jument bai cerise nommée Cybèle de Donzy (son nom était inscrit sur la porte) exécutait des figures étranges. Elle se cabrait et restait un long moment en équilibre sur ses postérieurs avant d'abaisser l'encolure pour décocher de petites ruades mesurées, sans jamais toucher les parois de son box. Sa peau très fine, ses veines saillantes et son magnifique port de tête retenaient le regard.

— Comme elle est belle ! me suis-je exclamée.

— Elle fait maintenant partie du piquet de chevaux d'instruction, m'a expliqué Henri. Elle est montée par les élèves moniteurs et instructeurs. Mais dans sa jeunesse elle a été dressée aux sauts d'école : la courbette, la cabriole...

— Elle a une musculature d'athlète, ai-je remarqué. Et quelle souplesse !

— Le dressage permet de réaliser des prouesses, a confirmé Henri. J'ai vu des chevaux capables de galoper dans leur box !

— Pourquoi fait-elle cela ?

— C'est sa façon à elle d'exprimer son impatience, sans doute !

— Hélène, la monitrice de notre club, a connu un vieux militaire qui faisait franchir à son cheval tout ce qui se présentait : les lices des carrières, les murs, les barrières des champs. Il lui serait même arrivé, pour sortir de son box, de sauter la demi-porte... mais ça, c'est peut-être une légende !

— Tu sais que les chevaux de chasse à courre poursuivaient les renards sur tous les terrains, et les obstacles ne manquaient pas aux alentours des fermes...

— Ils détruisaient aussi les cultures, ai-je ajouté.

— Heureusement, ce style de chasse n'est plus guère pratiqué. Connais-tu le fameux « saut de la table » ? Les écuyers du Cadre Noir le présentent encore lors de certains spectacles. Une grande table et des chaises sont placées au milieu de la carrière, des écuyers s'y installent et un cavalier saute au milieu.

— Impressionnant ! J'adorerais essayer...

— Vous verrez peut-être ce numéro pendant le gala, dans quelques jours.

Il a consulté sa montre.

— Le distributeur est arrêté, je vais le débrancher pour qu'il ne se remette pas en marche avant le lever du soleil – j'aimerais pouvoir dormir un peu ! Les écuyers se mettent à cheval à huit heures...

Nous avons continué notre ronde entre les bâtiments sombres et silencieux. Henri, à l'affût du moindre bruit anormal, s'immobilisait souvent, braquant la lumière de sa lampe vers un recoin obscur, une fenêtre dont la vitre reflétait un instant nos silhouettes, une rangée de portes closes. Un cheval a fait tinter ses fers contre la colonne d'une mangeoire. Deux chats se poursuivaient en miaulant.

— Tout est calme, a-t-il conclu avec un soupir comme nous revenions vers notre point de départ. J'aime mieux ça !

— C'est gigantesque, ici, ai-je chuchoté, un peu intimidée.

— Sept manèges et seize carrières olympiques, les quatre grandes écuries plus quelques autres... Heureusement, l'école est très bien organisée. Enfin, en temps normal ! Allez, au lit... Demain, tu auras le temps de découvrir Terrefort !

[...]